AF249781

Consultation émise au sujet

de la protestation formulée par MM.

LEVIE et ROUSSIER contre l'élection

de M. BLANCHY au Conseil colonial,

par J.-E. LAURANS.

SAÏGON

Rey et Curiol

1886

ÉLECTION DU 26 SEPTEMBRE

Consulté sur le mérite de la protestation déposée par MM. Roussier et Levie contre les opérations électorales du dimanche 26 septembre 1886, qui ont donné la majorité des suffrages à M. Blanchy, entrepreneur de services et de travaux publics, rétribués sur le budget de la colonie :

Vu la loi du 5 mai 1855, art. 9 ;

Vu la loi du 10 août 1871 sur l'organisation des Conseils généraux de la métropole, articles 10, 15, 16 et 18 ;

Vu la loi du 31 juillet 1875 modifiant la précédente ;

Vu le décret du 8 février 1880 instituant un Conseil colonial en Cochinchine, art. 3 ;

Vu la loi du 5 avril 1884 sur l'organisation municipale dans la métropole, articles 33, 34, 36, 37 et 66 ;

Vu le décret du 24 février 1885, déterminant les incompatibilités pour le mandat de conseiller général à la Guyanne, au Sénégal et dans l'Inde ;

Vu le décret du 2 avril 1885, instituant un Conseil général à Saint-Pierre et Miquelon ;

Vu le décret du 2 avril 1885 établissant un Conseil général à la Nouvelle-Calédonie ;

Vu le décret du 10 mai 1885 modifiant celui du 2 avril 1885, instituant un Conseil général aux îles Saint-Pierre et Miquelon ;

Vu le rapport présenté au Président de la République par M. le Ministre de la marine le 19 juin 1886 ;

Vu le décret du même jour ;

Vu encore le décret du 21 avril 1886 relatif à l'établissement de certaines incompatibilités avec le mandat de conseiller général dans l'île de la Réunion ;

Le conseil soussigné est d'avis que le mandat de conseiller colonial, conféré à M. Blanchy par le scrutin du 26 septembre, est absolument incompatible avec sa qualité d'entrepreneur de travaux publics, rétribués sur le budget de la colonie ;

Il ne sera pas difficile de le démontrer.

Ce n'est pas le lieu de se demander s'il est utile, s'il est sage, s'il est politique, d'exclure du Conseil colonial certaines catégories d'électeurs, les entrepreneurs de travaux publics, par exemple.

Ce sont considérations de l'ordre purement législatif.

Ce n'est pas ici non plus qu'il convient de discuter et les titres de l'ancien président du Conseil colonial à la confiance des électeurs, et le chiffre de la majorité qu'il a obtenue, et les influences qui ont pu la déterminer.

Ce sont des questions de fait, questions de personnes, questions électorales, que le soussigné ne peut, ne veut, ne doit pas aborder.

Le problème est beaucoup plus simple, ou, pour mieux dire, il n'y a pas de problème. On l'a dit avec esprit : « Pour résoudre la question posée, il suffit de savoir lire. » — Il fallait peut-être ajouter : « et de le vouloir » car, pour être aveugle, il suffit de fermer les yeux.

Le texte de l'article 3 du décret du 8 février 1880 instituant un Conseil colonial en Cochinchine, modifié par le décret du 19 juin 1886, est bien connu.

Tout le monde le sait par cœur pour l'avoir lu pendant deux mois dans la première colonne des journaux ; il faut bien cependant le citer encore :

Art. 3. — Aucun fonctionnaire ou agent, recevant un traitement quelconque de la métropole ou de la colonie, ne peut faire partie du Conseil colonial.

La même incompatibilité existe à l'égard des entrepreneurs de services et de travaux publics rétribués sur le budget de la colonie.

Les incompatibilités prévues au présent article s'appliquent à tous les membres du Conseil colonial, quel que soit le titre auquel ils siègent.

C'est là le texte invoqué par les protestataires.

M. Blanchy rentre-t-il dans une des catégories énoncées plus haut, voilà bien la question.

Ne serait-il pas, par exemple, *entrepreneur de services et de travaux publics rétribués sur le budget de la colonie ???*

Les protestataires le soutiennent, et ils en concluent que M. Blanchy ne peut, à quelque titre que ce soit, faire partie du Conseil colonial de Cochinchine.

Cette opinion est celle du conseil soussigné.

Opinion calme, froide, raisonnée, tirée de la lecture des textes et du vulgaire bon sens.

Elle a cependant rencontré des contradicteurs; peu désintéressés, peut-être !

Le 15 juillet, avant même que l'*Officiel* ait pu apporter en Cochinchine le décret du 19 juin 1886, le journal le *Saigonnais*, devançant les commentaires possibles, éditait un compte rendu officieux de la séance du Conseil supérieur des colonies où le projet de décret avait été discuté.

Nous en extrayons le passage suivant :

Il résulte des explications fournies, tant par le rapporteur que par MM. Flourens, Lenoël et Rousseau, que le mot « entrepreneur de services et de travaux publics » doit être entendu en Cochinchine comme il a été interprété en France par le Conseil d'Etat en ce qui concerne la loi de 1871 sur les conseils généraux. L'entrepreneur temporaire des travaux publics payés sur les fonds coloniaux peut exercer le mandat de conseiller colonial ; il y a incompatibilité, au contraire, entre le mandat et la qualité d'*entrepreneur permanent* de travaux effectués pour le compte de la colonie.

Et plus loin :

La question des entrepreneurs, autour de laquelle M. Ternisien avait fait tant de bruit, est donc dès maintenant à jamais tranchée. On applique à la Cochinchine les mêmes règles qu'à la France et, détail à noter, ce sont les idées mêmes émises par M. Blancsubé au cours de la réunion publique dans laquelle il prit la parole contre ses deux concurrents coalisés, qui ont reçu la haute consécration du vote du Conseil supérieur des colonies.

Avant même que le texte ait été promulgué, l'interprétation orthodoxe était fournie. Le décret qui allait paraître n'atteindrait pas les ENTREPRENEURS TEMPORAIRES ! ! !

Il ne viserait que les ENTREPRENEURS PERMANENTS.

Le système était créé.

Il insère au texte un adjectif que le législateur n'y a pas mis, un qualificatif absolument vide de sens.

Il n'y a pas d'entrepreneur permanent; *même en Cochinchine !*
En théorie du moins !

Les entrepreneurs des *services permanents* eux-mêmes n'ont obtenu *jusqu'ici* que des concessions *temporaires*.

Il n'y a pas non plus de travaux publics permanents, si lent que soit l'entrepreneur, si longue que soit l'entreprise, si patiente que soit l'administration, ils sont tous *théoriquement* susceptibles d'être achevés.

Les services publics, au contraire, sont tous permanents en ce sens qu'ils correspondent à des besoins qui se renouvellent sans cesse ; et c'est cette permanence même qui les distingue des travaux publics.

Les *concessions de services publics* n'en sont pas moins *temporaires*.

Les *entreprises de travaux publics* n'en créent pas moins pendant leur durée *des rapports permanents* entre l'entrepreneur et l'administration.

Le concurrent de M. Blanchy avait judicieusement fait observer que le décret ne faisait pas la distinction proposée ; il s'attire cette verte réplique :

« L'éminent jurisconsulte Vinson invoque le droit romain pour expliquer aux lecteurs de la feuille de chou qu'on nomme l'*Extrême-Orient* le texte de la loi sur les incompatibilités.

« Pour la tranquillité de ses clients, nous voulons bien croire que M. Vinson n'a pas écrit ce qu'il pensait. Ce serait, en effet, indigne d'un étudiant de première année.

« Faut-il lui apprendre, hélas ! que la *jurisprudence des conseils de préfecture sur cette matière est toujours en vigueur (sic)*, *que la loi est la même en Cochinchine qu'en France (sic)*, et qu'il ne s'agit que *des entrepreneurs à titre permanent.* » (*Saïgonnais* du 19 septembre.)

Le publiciste qui a écrit ces lignes et qui brouille si agréablement la loi, la jurisprudence, les conseils de préfecture, la France et la Cochinchine a surabondamment établi la vérité de ce vieux proverbe :
Il ne faut pas sortir de son métier.

Ne sutor ultra crepidam.

Il n'a nullement démontré sa thèse.

M. le député Blancsubé, dont tout le monde connaît les hautes capacités juridiques ; M. Blancsubé, qui avait assisté à la séance du Conseil des colonies *et savait bien ce qui s'y était passé*, n'a eu garde de tomber dans la même logomachie.

Il y a homme et homme.

Il fallait bien qu'il intervînt, lui aussi, pour soutenir la candidature d'un ami fidèle et précieux.

Il a parlé.

Mais il a parlé à la manière du sphynx et de l'augure antique :
Il a prononcé un de ces oracles à double sens qui ne sont jamais démentis :

Mon cher ami,

Vous me demandez mon opinion sur la façon dont il faut entendre le décret du 19 juin 1886.

L'interprétation vraie ressort en termes précis de la discussion qui a eu lieu au Conseil supérieur des colonies devant lequel la question était posée.

Après un débat auquel plusieurs membres avaient pris part, M. Flourens fit observer que la loi déclarait nulle toute délibération des conseils municipaux à laquelle aurait pris part un membre intéressé à la question qui en faisait l'objet. — Que si la connexité d'intérêts a un caractère permanent elle entraîne *l'inégibilité absolue*.

Telle est, ajoutait le savant président au Conseil d'Etat, la distinction faite par la jurisprudence ; on doit se contenter des garanties qu'elle renferme.

M. le sénateur Lenoël, ancien avocat au Conseil d'Etat et à la Cour de cassation, dit à son tour :

« Sur ce point la jurisprudence est fixée depuis longtemps. L'exclusion ne doit être édictée que pour le cas où la connexité d'intérêt est permanente. »

Un membre observe que puisqu'on est d'accord sur l'interprétation à donner, il serait peut-être bon de faire mention de cette distinction dans le rapport.

M. le Sous-Secrétaire d'Etat répond que le maintien au procès-verbal de l'échange d'observations qui a eu lieu remplit le même but.

Je préfère vous rappeler cette discussion des motifs et vous laisser tirer la conclusion.

Agréez, etc.

Jules BLANCSUBÉ.

(*Saigonnais*, 26 septembre.)

M. Blancsubé n'a pas voulu tirer la conclusion ; il a eu raison et Mes Jourdan et Cuniac, avocats, ne se sont pas engagés beaucoup en déclarant qu'ils partageaient l'opinion que M. Blancsubé voulait bien ne pas nous faire connaître.

Les uns et les autres avaient d'excellents motifs, car cette conclusion que M. Blancsubé ne tire pas, elle n'est pas difficile à déduire. La voici :

M. Blanchy ne peut pas être conseiller colonial de Cochinchine.

M. Flourens, M. Lenoël, M. Blancsubé après eux, ne parlent plus de travaux publics permanents, ce qui est un non sens ; ils parlent simplement de travaux d'une importance ou d'une durée de nature à établir, entre le conseiller colonial et la colonie, une connexité d'intérêts permanente ; sur ce point ils n'ont pas trouvé de contradicteurs.

Un conseiller colonial ne sera pas déchu de son mandat pour avoir obtenu l'adjudication d'une borne-fontaine ou d'un mât de cocagne au 14 juillet.

Voilà bien le point sur lequel on paraît s'être mis d'accord au Conseil supérieur des colonies ; bien que cette discussion, telle que le procès-verbal nous l'a conservée, ne fasse pas grand honneur aux lumières de cette docte assemblée.

Nous y reviendrons.

Au demeurant, qu'importe le Conseil supérieur des colonies.

Il émet un avis auquel le pouvoir exécutif n'est pas tenu de se conformer.

Cet avis pourrait servir à interpréter le texte s'il était ambigu, mais il ne l'est pas.

Il prononce catégoriquement l'exclusion des *entrepreneurs de services et de travaux publics*.

Ces termes défient les commentaires.

Le publiciste auquel nous avons emprunté plus haut une citation dit: « la loi est la même en Cochinchine qu'en France. »

C'est inexact.

La loi du 10 août 1871, qui réglemente en France l'institution des conseils généraux, dispose dans son article 10 :

Art. 10. — Le mandat de conseiller général est incompatible dans le département avec les fonctions d'architecte départemental, d'agent voyer, d'employé des bureaux de la préfecture ou d'une sous-préfecture et généralement de tous les agents salariés ou subventionnés sur les fonds départementaux.

La même incompatibilité existe à l'égard des *entrepreneurs de services départementaux.*

On voit la différence ; la loi de 1871 exclut les *entrepreneurs de services* départementaux ; le décret du 19 juin exclut les entrepreneurs de services *et de travaux publics* rétribués sur le budget de la colonie.

Les deux textes sont calqués l'un sur l'autre avec une addition dans le second.

Pourquoi cette addition ?

Parce qu'on a voulu établir une différence.

Parce qu'on a voulu exclure les entrepreneurs de services publics comme en France ; et en outre les entrepreneurs de travaux publics.

S'il y a une différence dans les mots, c'est qu'il doit y en avoir une dans les choses.

Services publics, travaux publics, sont deux expressions sur la portée desquelles un homme comme M. Blancsubé ne pouvait pas se méprendre. Il ne s'y est pas mépris.

CONSEIL SUPÉRIEUR DES COLONIES.

(EXTRAIT du procès-verbal de la Séance du 8 juin 1886.)

M. Blancsubé. — En ce qui concerne l'incompatibilité prévue par l'art. 1er du projet de décret, il admet qu'on éloigne du Conseil colonial les entrepreneurs *d'un service permanent* subventionné par la colonie ; mais il n'en est pas de même pour *les entrepreneurs de travaux publics,* qui n'ont à faire qu'un travail unique et momentané.

La question est nettement posée; la distinction entre les services publics et les travaux publics est catégoriquement formulée; ce que M. Blancsubé demande, c'est la radiation des mots « et de travaux. » C'est le retour pur et simple au texte de la loi du 10 août 1871.

M. DISLÈRE, *rapporteur*. — Quant à la distinction proposée entre les *entrepreneurs de services* et les *entrepreneurs de travaux momentanés*, elle pourrait être dangereuse dans les cas très fréquents où ces derniers ont des difficultés avec la colonie.

La réponse est catégorique, elle ne soulève pas de protestation.
Un membre, M. Palain, ne se trouve pas suffisamment éclairé sur la question. Il demande :

Qu'elle est exactement l'interprétation donnée par la jurisprudence du Conseil d'État à ces termes : entrepreneur de services et entrepreneur de travaux publics rétribués sur le budget.

Il n'y avait qu'une réponse à lui faire : la jurisprudence n'avait pas eu à interpréter le sens de ces expressions introduites pour la première fois dans le décret du 24 février 1885 relatif à la Guyane, au Sénégal et à l'Inde.
M. Dislère répond :

Que le Conseil supérieur n'a pas à faire *de la jurisprudence, mais de la législation*. Les dispositions qui régissent la matière pour les autres colonies sont conçues en termes *identiques*.

M. Pallain explique ses hésitations :

Il trouve très rigoureux d'exclure *tous les entrepreneurs de travaux publics*, même ceux qui se seront chargés *d'un travail* minime.

Alors le Sous-Secrétaire d'État intervient. C'est lui qui a fait préparer le projet de décret, c'est lui qui le présente à l'examen du Conseil supérieur, c'est son ministre qui le présentera plus tard au président de la République. Il va nous donner la pensée qui l'a inspiré.

M. le Sous-Secrétaire d'État fait remarquer *que la nécessité* de l'exclusion se justifie par l'importance des travaux soldés sur le budget local.

Voilà la pensée du gouvernement.

A ce moment la discussion s'égare. M. Flourens intervient et fait une observation dont le procès-verbal ne nous permet pas de saisir la portée. Citons :

M. FLOURENS observe que la loi déclare annulables les délibérations des conseils municipaux auxquelles auraient pris part des membres du Conseil intéressés à l'affaire qui en fait l'objet. Si au contraire la connexité d'intérêt a un caractère permanent, elle entraine l'inéligibilité absolue. Telle est la distinction faite par la jurisprudence ; on doit se contenter des garanties qu'elle renferme.

C'est pour la première fois que la loi municipale du 5 avril 1884 est invoquée dans la discussion.

Malgré l'autorité qui s'attache au nom de M. Flourens, nous n'hésitons pas à dire qu'elle ne pouvait en aucune façon être invoquée dans cette discussion.

L'application des dispositions de cette loi, c'était *le rejet pur et simple du projet.*

Le texte auquel il est fait allusion dans la première partie des observations de M. Flourens est l'art. 64.

ART. 64. — Sont annulables les délibérations auxquelles *auraient pris part* les membres du Conseil intéressés, soit en leur nom personnel, soit comme mandataires à l'affaire qui en fait l'objet.

Ce texte est clair, mais d'une rare application car il est peu de conseillers municipaux assez impudents pour délibérer sur les affaires dans lesquelles ils sont directement intéressés. On peut même dire qu'il est superflu.

Ce qui est beaucoup moins clair, c'est la deuxième partie de la proposition de M. Flourens.

Si la connexité d'intérêts a un caractère permanent, elle entraine l'inégibilité absolue.

Qu'est-ce que M. Flourens entend par une connexité d'intérêts ayant un caractère permanent.

Est-ce une connexité telle qu'elle doive nécessairement se produire dans toutes les délibérations ; une pareille connexité n'existe pas, ne peut pas exister.

Quelle est donc, d'après M. Flourens, cette connexité qui a un caractère permanent et qui d'après lui entraînerait l'inéligibilité, ce ne peut être que celle qui résulte de rapports multiples existant entre un conseiller et l'administration communale. Celle-là, elle existe aussi bien pour l'entrepreneur de travaux publics adjudicataire d'un travail unique qui doit se prolonger aussi longtemps que son mandat, que pour l'adjudicataire annuel d'un des services publics de la commune, l'entretien des bâtiments municipaux, par exemple.

Il y aurait alors une sorte de distinction de fait entre les travaux simples ou complexes, rapides ou durables, abandonnée à l'appréciation souveraine des juges.

C'est bien là ce que M. Flourens a paru vouloir dire, car M. Pallain s'est empressé de déclarer que cette interprétation, donnait toute satisfaction à son désir de ne ne pas exclure ceux *qui, pour une somme minime*, sont mêlés aux affaires de la colonie; M. le Sous-Secrétaire d'Etat a déclaré inutile d'insérer cette distinction dans le rapport, l'insertion au procès-verbal de cet échange d'observations devant remplir le même but; personne n'a demandé la modification des termes du projet, personne, pas même M. Blancsubé qui s'est bien gardé de dissiper l'équivoque que des amis devaient plus tard exploiter.

M. le Sous-Secrétaire d'Etat met au voix l'article 1er du projet de décret. Cet article est adopté.

Telle est la physionomie vraie de cette délibération du Conseil supérieur dont on a essayé de tirer la preuve que le décret du 19 juin devrait s'interpréter *à contrario* de ses dispositions.

Mais quand M. Flourens a parlé d'une connexité d'intérêts permanente qui entraînerait *d'après la jurisprudence* un inéligibilité absolue aux assemblées municipales, il a commis une grave confusion.

Sous l'empire de la loi municipale du 5 avril 1884, aucun entrepreneur n'est inéligible, pas plus les entrepreneurs de services permanents que les entrepreneurs de travaux temporaires; cela résulte expressément de l'article 33 de la dite loi :

Art. 33. — Ne sont pas éligibles dans le ressort où ils exercent leurs fonctions :

10° Les agents salariés de la commune *parmi lesquels ne sont pas compris ceux qui, étant fonctionnaires publics ou exerçant une profession indépendante, ne reçoivent une indemnité de la commune qu'à raison des services qu'ils lui rendent dans l'exercice de cette profession.*

La jurisprudence n'a pas pu créer et n'a pas créé une inéligibilité contre la loi.

M. Flourens a confondu la loi nouvelle avec la loi ancienne; la loi du 5 avril 1884 avec celle du 5 mai 1885.

Dans cette dernière il existait une disposition qui déclarait inéligibles « les entrepreneurs des services communaux. »

Art. 9. — Ne peuvent être conseillers municipaux....... — les entrepreneurs de services communaux.

Et la jurisprudence, qui ne crée pas les inéligibilités, mais qui les applique, décidait avec le bon sens que les entrepreneurs des travaux publics communaux n'étaient pas compris dans cette énonciation.

(Arrêt du Conseil d'État du 1er juin 1866 rapporté dans Sirey, année 1867, 2, 301).

La loi actuelle n'a pas reproduit cette exclusion. Tout entrepreneur est éligible; mais les délibérations qui l'intéressent personnellement seraient nulles s'il y prenait part.

Est-ce là ce que le décret du 19 juin a voulu établir en Cochinchine? Il serait plaisant de le soutenir. Le texte assimile l'incompatibilité des entrepreneurs de services et de travaux publics à celle des fonctionnaires de tous ordres.

« La même incompatibilité existe, etc...»

Il ne viendra à l'esprit de personne de prétendre que le Gouverneur et le Directeur de l'intérieur peuvent faire partie du Conseil colonial et prendre part à toutes ses délibérations hormis celles qui auraient pour objet des affaires où ils seraient directement intéressés.

M. Flourens n'avait donc pas à invoquer la législation municipale, car le seul argument à en tirer est celui-ci : l'article 9 de la loi du 5 mai 1855 comme l'article 10 de la du 10 août 1871 ne visent que les entrepreneurs de services communaux ou départementaux ; l'article 3 du décret du 8 février 1880, complété par celui du 19 juin 1886, vise les entrepreneurs de services et de travaux publics; donc les entrepreneurs de travaux publics sont bien expressément et catégoriquement exclus du Conseil colonial.

Si l'on pouvait en douter encore, il suffirait pour être convaincu de rechercher la pensée qui a inspiré le décret, non celle du Conseil supérieur que nous avons déjà cherché à dégager, mais celle du gouvernement, celle du pouvoir exécutif qui, quand il est question de décret, est le seul législateur.

Prenons l'*Officiel* du 24 juin 1886 et citons le rapport du ministre de la marine au Président de la République.

Au moment de la rédaction de ce rapport, la discussion du Conseil des colonies s'est produite ; nous allons peut-être retrouver la trace de la distinction contraire au texte que l'on prétend tirer des observations qui y ont été faites? Nous citons :

Monsieur le président,

Le décret du 8 février 1880 qui a institué un Conseil colonial en Cochinchine n'a pas rangé les entrepreneurs de services et de travaux publics rétribués par le budget de la colonie parmi les personnes occupant des situations incompatibles avec le mandat de conseiller colonial.

En raison de l'importance considérable du budget de la Cochinchine ainsi que *du développement des travaux publics et des entreprises de toute nature subventionnées par les finances locales*, on ne saurait méconnaître les graves inconvénients qui peuvent résulter de la présence au sein de Conseil colonial de membres directement intéressés dans des concessions d'entreprises *ou des adjudications de travaux*, et qui seraient appelés à surveiller l'exécution *de ces services ou à contrôler l'administration avec laquelle ils auraient pu avoir des difficultés au cours de l'exécution de ces travaux.*

Voilà qui est clair : toute la pensée gouvernementale est là ; celui qui ne la comprend pas ne veut pas la comprendre.

M. Blanchy est-il entrepreneur de travaux publics rétribués sur le budget de la colonie ?

Le tableau suivant répond à cette question :

Travaux en cours :

19 Avril 1883.	Continuation de la Route coloniale No 2 de Bienhoa à Baria......................	230.000.00
11 Juin 1883.	Fourniture de matériaux d'empierrement nécessaires à l'achèvement de la Route coloniale No 3 de Daï-ngaï à Soctrang...........	10.100.00
5 Mai 1885.	Démolition et reconstrution de l'hôtel des Contributions Indirectes...............	75.000.00
3 Décembre 1885.	Mise en état de viabilité de la Route coloniale No 3, de Daï-ngaï à Soctrang...........	2.230.00
1er Mars 1886.	Mise en état de viabilité de la partie de la Route de Daï-ngaï à Soctrang comprise entre les points kilométriques 8-9, 11 et 19.	1.900.00
31 Mai 1886.	Construction de nouveaux magasins à pétrole au fort du sud......................	5.863.30
21 Mai 1886.	Construction d'un corps de garde et d'une salle de discipline au Poste de Tirailleurs à Bienhoa........................	1.200.00
8 Juillet 1886.	Construction du perré de la Rivière de Saigon de la Route du fort du sud et du comblement du canal Charner................	109.233.50
	Total des Travaux en cours.....	138.526.80

RÉCAPITULATION :

Travaux terminés.	73.603.80
Travaux en cours.	138.526.80
Total général.	512.130.66

Certifié conforme aux écritures,

Saigon, le 30 octobre 1886.

Le Directeur des Travaux Publics p. i.,

Signé : A. FOULHOUX.

On le voit, Monsieur Blanchy n'est pas un de ces entrepreneurs chargés d'un travail minime qui provoquaient la sollicitude de M. Pallain au Conseil supérieur.

Cet ensemble de travaux, dont quelques-uns durent depuis plus de trois ans, dont plusieurs se prolongeront au delà de la durée du mandat de M. Blanchy, crée entre cet entrepreneur et la colonie un connexité d'intérêts d'un caractère assez *permanent*.

438.000 piastres, soit au cours du jour plus de 1.700.000 francs; telles sont les prévisions, et l'on sait que les prévisions sont toujours dépassées ; voilà les relations actuelles de la colonie et de Monsieur Blanchy.

Monsieur Blanchy est entrepreneur de travaux publics rétribués sur le budget de la colonie ; Monsieur Blanchy ne peut faire partie du Conseil colonial.

Le conseil de M. Blanchy, l'honorable Me Cuniac, ne s'est fait aucune illusion sur l'irréfutabilité des déductions qui précèdent, aussi cherche-t-il, dans le mémoire qu'il a déposé au nom de son client au secrétariat du Conseil du contentieux administratif, à éluder leur application par une fin de non recevoir.

Nous serions, d'après lui, dans un cas d'incompatibilité, et non d'inéligibilité ; le Conseil du contentieux serait incompétent pour se prononcer sur les incompatibilités; ce droit appartiendrait à M. le Gouverneur seul.

Autant de mots, autant de propositions constestables.

L'incompatibilité est l'impossibilité légale de réunir simultanément sur la même tête deux fonctions, qualités ou mandats différents. Elle est bien plus rigoureuse que l'inéligibilité.

Quelquefois l'incompatibilité ne crée pas l'inéligibilité ; dans ce cas la loi accorde un délai au nouvel élu pour choisir entre son mandat et sa fonction ; et s'il ne fait pas son choix elle le fait pour lui, en faveur de sa fonction.

C'est ce qu'a fait la loi du 5 avril 1884 sur les conseils municipaux.

Art. 10. — ....

Les fonctionnaires désignés au présent article qui auraient été élus membres du conseil municipal, auront, *à partir de la proclamation du résultat du scrutin,* un délai de dix jours pour opter entre la conservation du mandat et la conservation de leur emploi. A défaut de déclaration adressée dans ce délai à leurs supérieurs hiérarchiques, ils seront réputés avoir opté pour la conservation dudit emploi.

D'autrefois aucun délai n'est imparti à l'élu pour effectuer son option; dans ce cas il peut, dès le jour de son élection, être mis en demeure par tout électeur de choisir entre sa fonction et son mandat, et faute de le faire, il en est déclaré déchu.

C'est le système organisé par la loi du 10 août 1871 sur les conseils généraux (art. 18).

Enfin, dans la plupart des cas, l'inéligibilité et l'incompatibilité ne font qu'un; l'une et l'autre se trouvent confondues, ou plutôt l'incompatibilité est de telle nature qu'elle emporte avec elle l'inéligibilité.

C'est dans cette dernière catégorie qu'il faut ranger les diverses hypothèses prévues par l'article 8 de la loi de 10 août 1871.

De toutes ces sortes d'incomptabilités, quelle est celle qu'a prévu l'article 3 du décret du 8 février 1880, complété par celui du 19 juin 1880 ?

C'est incontestablement la dernière !

Mais par hypothèse et pour le seul besoin du raisonnement, admettons que les entrepreneurs de travaux publics rétribués sur le budget de la colonie ne soient pas inéligibles; admettons qu'après l'élection ils aient encore la faculté d'opter entre leur profession et leur mandat; le droit des protestataires reste entier.

Que M. Blanchy fasse cesser la cause d'incompatibilité qui l'exclue du Conseil colonial, qu'il résilie toutes ses entreprises et les protestataires, en présence de cet acte de soumission à la loi, se désintéresseront peut-être.

Mais non ! M. Blanchy reste entrepreneur ! — Il reste conseiller colonial !

C'est le droit de tout électeur de protester.

Qu'on ne dise pas qu'il s'agit d'une incompatibilité future qui ne se produira que quand le Conseil sera en session.

L'incompatibilité existe entre la profession et le mandat, et non son exercice. Le délai de dix jours imposé par la loi du 5 avril 1884 ne court pas du jour d'ouverture de la session, mais de celui « de la proclamation du scrutin. »

L'incompatibilité du mandat de M. Blanchy avec sa profession d'entrepreneur existe depuis le 26 septembre.

La violation de la loi est *permanente !*

A qui appartient-il de la faire cesser ?

A M. le Gouverneur seul, dites-vous ?

Si cela était exact, les protestataires n'hésiteraient pas à s'adresser avec confiance à ce magistrat.

Mais où puisez-vous cette affirmation ?

Dans le décret de 8 février 1880 ?

Elle ne s'y trouve pas.

Dans l'analogie de la loi du 10 août 1871 ?

Non; dans cette loi c'est le conseil général lui-même qui est chargé de déclarer démissionnaire celui de ses membres qu'une incompatibilité atteint postérieurement à l'élection. Il le fait d'office, ou sur la réclamation de tout électeur.

La loi qui lui donnait ce pouvoir le faisait en même temps juge de la validité de l'élection de ses membres, le juge des nullités et celui des incompatibilités ne font qu'un.

Le Conseil de contentieux est incompétent, dites-vous ?

Mais lisez l'art. 14 du décret de 8 février, qui fait loi en Cochinchine.

Art. 14. — *Les réclamations des électeurs* et les instances en nullité du Directeur de l'intérieur sont jugées par le Conseil de contentieux.

La formule est-elle assez générale ?
Le Conseil du contentieux est saisi.
Les protestataires lui disent :
Si M. Blanchy était éligible il serait déchu de son mandat du jour même où il a pris naissance.

Art. 19. — *Est déchu* de son mandat tout conseiller élu qui, pendant la la durée de ses fonctions, tombe dans un des cas d'incompatibilité prévus par la loi.

Mais quelle est donc cette incompatibilité qui entraîne *de plein droit* la déchéance du mandat, à l'heure même de l'élection. Qu'est-ce donc, si ce n'est l'inégibilité et l'incompatibilité tout ensemble ?
Mais voyez plutôt :

Art. 3. — *Aucun fonctionnnaire ou agent* recevant un traitement quelconque de la métropole ou de la colonie, ne peut faire partie du Conseil colonial.

Dans quelle catégorie les lois métropolitaines rangent-elles les personnes visées à cet article :
Loi municipale du 5 avril 1884, art. 33 — **inéligibles.**
Loi du 10 août 1871 sur les conseils généraux, art. 8 — **inéligibles.**
Et l'on pourrait prétendre sans sourire qu'en Cochinchine, le Gouverneur, le Directeur de l'intérieur, celui des travaux publics ou des contributions indirectes pourraient se faire valablement élire au Conseil colonial, sauf à opter après l'élection !
Non, direz-vous, ils sont inéligibles.
Eh bien ! écoutez la suite de l'article 3, telle que nous l'a fait le décret du 19 juin 1886 :

La même incompatibilité existe à l'égard des entrepreneurs de services et de travaux publics rétribués sur le budget de la colonie.

Votre prétention est définitivement jugée !

En conséquence, le conseil soussigné est d'avis que MM. Levie et Roussier sont fondés à conclure à ce qu'il plaise au Conseil du contentieux administratif annuler l'élection du 26 septembre, ayant donné la majorité des suffrages à M. Blanchy ; à toutes fins le déclarer déchu du mandat à lui conféré ; par suite déclarer vacant le siège de conseiller colonial pour la circonscription électorale de Saigon.

Saigon, le 15 novembre 1886.

LAURANS.

P. S. — Le Conseil du contentieux a validé l'élection de M. Blanchy ; les protestataires vont en référer au Conseil d'Éat.

Saigon. — Imprimerie Rey et Curiol.